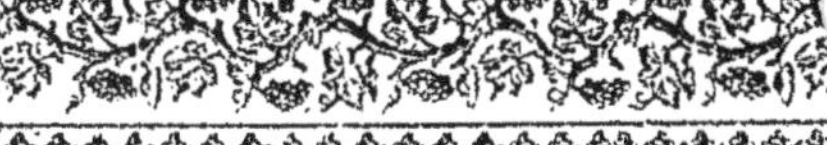

EXPOSÉ

DE

La Pantographie,

OU

DE L'ART DU DESSIN,

Considéré sous un point de vue d'utilité générale,

SUIVIE

D'UNE MÉTHODE DE PERSPECTIVE ÉTABLIE SUR DES PROCÉDÉS NOUVEAUX, ET QUI, DANS TOUS LES CAS POSSIBLES, DISPENSENT DE SORTIR DU CADRE DU TABLEAU PERSPECTIF,

ACCOMPAGNÉE

DE LA DESCRIPTION D'UN INSTRUMENT APPELÉ MÉTROSCOPE, INVENTÉ PAR L'AUTEUR, POUR LA DISPOSITION PERSPECTIVE DES COMPOSITIONS PITTORESQUES, POUR L'ÉTUDE DES EFFETS PERSPECTIFS D'APRÈS LA NATURE, ET POUR DES OPÉRATIONS DE GÉODÉSIE,

ORNÉE DE TRENTE-DEUX PLANCHES IN-FOLIO,

ET PRÉSENTÉE, EN 1824, AU JUGEMENT DE L'ACADÉMIE ROYALE DES BEAUX-ARTS,

PAR L. C. DE BRUNEL-VARENNES,

CHEVALIER DE SAINT-LOUIS.

A PARIS,

CHEZ ANTOINE-AUGUSTIN RENOUARD, LIBRAIRE,

RUE DE TOURNON, N° 6.

M. DCCC. XXV.

EXPOSÉ

DE LA

PANTOGRAPHIE,

OU

NOUVELLE MÉTHODE DE DESSIN ET DE PERSPECTIVE.

> Studia enim optimè felicitatem extollunt et facillimè calamitates minuunt.
>
> SÉNÈQUE.

LORSQUE tout semble attester que jamais la pratique des beaux-arts, dont la base est le dessin, n'a été aussi brillante et surtout aussi répandue qu'elle ne l'est de nos jours, il est assez naturel que l'on me demande quel peut être mon but en annonçant une nouvelle méthode de dessin.

Quoique le titre seul de cet Ouvrage semble devoir en indiquer l'objet et faire pressentir que le dessin n'y est pas considéré dans ses seuls rapports avec les beaux-arts, je dois, pour répondre à la question, exposer les motifs, le but, les principes et les moyens de la méthode que je propose, et qui a été soumise au jugement de l'Académie Royale des Beaux-Arts. J'espère porter dans l'esprit des hommes éclairés, amis des arts et de leur pays, la conviction dont je suis moi-même pénétré relativement à l'utilité de cette méthode; et, qu'en faveur de l'importance du sujet, ils me pardonneront d'avoir, dans cet exposé, dépassé les limites dans lesquelles il semblerait devoir être circonscrit.

Il y a un demi-siècle que l'étude du dessin était considérée, pour ainsi

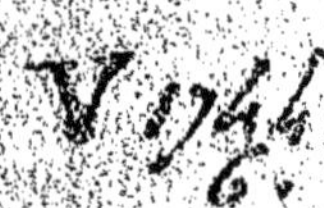

dire, comme un objet de luxe dans l'éducation. Dans les écoles spéciales de dessin, peu nombreuses alors, l'étude de cet art avait réellement pour objet de former des artistes. Quel que fût, pour le plus grand nombre des élèves, le résultat de la méthode, le but était atteint s'il sortait de ces écoles quelques sujets capables de faire honneur aux arts et à leur pays. Hors de ces écoles et de quelques établissemens spéciaux, où l'enseignement du dessin n'avait rapport qu'à l'objet particulier de leur institution, le but de cette étude n'était autre que de donner aux jeunes gens un talent d'agrément, dont bien peu d'entre eux étaient dans le cas de faire usage dans le monde.

Depuis cette époque, et surtout depuis le commencement de ce siècle, l'étude de cet art a suivi le mouvement général de la civilisation, et s'est répandue dans presque toutes les classes de la société. Non-seulement on a établi des écoles de dessin dans presque toutes les villes un peu populeuses, mais il n'est, pour ainsi dire, pas d'établissement public et particulier d'éducation où l'étude de cet art ne soit considérée comme une partie essentielle, indispensable même, de l'instruction.

Dans cet état de choses, quoique le but de cette étude ne puisse être le même qu'autrefois, puisqu'il serait absurde de penser qu'on voulût faire des artistes de plusieurs milliers de jeunes gens qui, dans ce moment, apprennent le dessin, la méthode d'enseignement est restée généralement la même.

Qu'en résulte-t-il? qu'un grand nombre de ces jeunes gens, séduits par des dispositions précoces et souvent éphémères, se croyant destinés à une carrière dont ils ignorent les difficultés et l'étendue, s'y lancent témérairement et éprouvent, pour la plupart, le regret tardif d'avoir abandonné un état qui leur eût procuré honneur et profit pour en prendre un où la médiocrité ne peut espérer aucun de ces avantages.

Delà, effectivement, cette affluence prodigieuse d'artistes qui, toujours croissante, pourrait arriver au point d'être hors de proportion avec les besoins et les ressources de la société, et d'amener l'avilissement des beaux-arts, par la dépréciation de leurs produits.

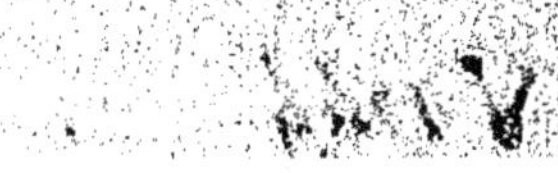

Le moment où les beaux-arts paraissent arrivés au plus haut degré de perfection, et surtout d'*extension*, serait donc celui où l'on pourrait le plus craindre leur décadence, surtout dans un pays trop soumis à l'empire de la mode, et où l'influence de cette dernière, pourrait s'étendre jusqu'aux beaux-arts eux-mêmes.

Pour prévenir cette décadence, il ne s'agit pas d'imposer des lois ni des entraves au génie; il ne s'agit pas, non plus, d'arrêter le mouvement des esprits vers l'étude du dessin. Laissant au premier toute sa liberté, on peut aisément donner au dernier une direction utile et qui soit en rapport avec les nouveaux besoins d'une société, pour ainsi dire, nouvelle.

Il suffit, pour cela, de définir d'abord le sens d'un seul mot dont, jusqu'à ce jour, on a eu, en général, une fausse idée, parce qu'on l'a toujours appliqué à un seul objet; ce mot est le *dessin.*

De cette définition découleront, nécessairement, toutes les conséquences relatives à la meilleure méthode à suivre pour l'enseignement de cet art.

Tel que je le conçois, *le dessin est un art qui donne le moyen de représenter l'image de tous les objets visibles, ou bien d'exprimer la pensée sur les proportions, les formes et la position de ces objets, de manière à en donner une idée nette et précise.*

Ces objets, et, par conséquent, l'art qui doit les représenter, peuvent se diviser en deux grandes séries; l'une composée des objets qui appartiennent à la nature vivante et animée; l'autre de ceux qui appartiennent à la nature morte ou inanimée.

Les objets les plus difficiles à représenter sont ceux de la première série, et ils le sont plus ou moins suivant que les mouvemens, dont ils sont susceptibles, sont plus ou moins variés. Dès-lors, l'espèce humaine sera celle dont les formes seront les plus difficiles à apprécier et à représenter, parce qu'à la variété des mouvemens se réunit celle des expressions et la différence des sexes, des âges, des conditions, etc., etc., etc.

L'étude de l'homme, sous le rapport du dessin, comme sous beaucoup d'autres, est donc la plus difficile comme la plus belle. A ceux-là seuls qui l'ont approfondie appartient d'indiquer à d'autres la meilleure route à suivre pour arriver au terme d'une carrière aussi difficile qu'honorable.

La méthode que je propose, pour le dessin de la seconde série, n'a donc que des rapports indirects avec la première. Mais, si son objet paraît moins élevé, il n'en est pas moins important, puisque, comme on va le voir, il intéresse toute la Société, qu'il peut contribuer au bien-être des individus, et que l'étude de cette série peut être considérée comme une transition naturelle à celle de la première, par conséquent comme une utile épreuve pour apprécier les dispositions des jeunes gens à l'étude spéciale des beaux-arts.

Les objets qui appartiennent à la *seconde série* sont faciles à représenter, parce que, n'ayant pas de mouvemens qui leur soient propres, leurs proportions et leurs formes sont faciles à apprécier.

On peut représenter ces objets de deux manières: la première *tels qu'ils sont*, c'est le *dessin géométral* ou le *premier degré* de l'art. La seconde consiste à les représenter tels *qu'on les voit*, c'est le *second degré* de l'art, ou le *dessin perspectif*, autrement dit *pittoresque*.

Pour le *premier degré*, il faut deux choses; connaître les proportions, les formes et la position des objets; et, ensuite, les moyens de les représenter.

Pour le *second degré*, aux connaissances précédentes, il faut réunir celle des changemens qui paraissent s'opérer dans cette position, ces proportions et ces formes par l'effet de la vision.

L'étude du *premier degré*, exigeant moins de connaissances que celle du *second*, est nécessairement la plus facile. Elle est en même temps la plus utile, parce qu'elle convient à toutes les classes de la société, sert à tous les arts industriels, est applicable à la majeure partie des sciences descriptives, tient directement aux beaux-arts par l'une de ses parties (l'architecture), et qu'enfin elle est indispensable pour arriver au *second degré* qui, lui-même, doit précéder l'étude spéciale des beaux-arts.

C'est donc par le *premier degré* que doit commencer l'étude du dessin.

Mais le nombre des objets que ce *degré* peut embrasser est immense, et l'on se perdrait dans un dédale inextricable, si, s'occupant d'abord partiellement de ces objets, on ne les divisait pas en grandes sections homogènes, classées suivant un ordre qui, établissant entre elles de l'analogie, pût rendre la transition de l'une à l'autre insensible.

Le titre de *géométral*, donné à ce premier degré, indique assez que toutes les sections qui le composent sont unies entre elles par un lien commun, et que leur étude est appuyée sur une même science (la géométrie), base de toutes les autres parties du dessin.

Dès-lors, l'étude de cette science doit précéder toutes celles qui ont rapport au dessin; mais son enseignement doit être proportionné à l'âge des jeunes gens auxquels il est destiné : les démonstrations, quoique précises, doivent être à la portée de leur intelligence; et, comme dit Montaigne, *exprimées dans le langage qui est propre* à un art utile, nécessaire même à presque toutes les situations sociales.

Si, d'un côté, ce serait ravaler la dignité d'êtres raisonnables d'en faire de simples machines en n'exerçant que leurs sens et leurs organes, d'un autre, il serait déplacé de chercher à faire des savans de tous ceux qui seraient dans le cas d'apprendre le dessin. Il y a pour cela, comme dit encore Montaigne, *une juste mesure; on ne doit enseigner que ce qui est nécessaire, mais tout ce qui est nécessaire.*

Or, ce qui est nécessaire pour notre objet est de donner aux jeunes gens, par l'étude de la géométrie, le moyen d'apprécier et de représenter les proportions, les formes et la position des objets, par des principes et des procédés qui soient applicables à tout ce qui compose non-seulement les deux degrés de la seconde série, mais encore ceux de la première.

L'explication détaillée de toute ma méthode m'entraînerait trop loin. Je me contenterai donc d'ajouter à ce qui précède, et qui, je le pense, a pu donner une idée de son ensemble et des principes sur lesquels elle est établie, un exposé sommaire de l'ordre dans lequel sont classées toutes les études relatives au *premier degré.*

Ces études sont l'objet de deux *Cours* particuliers, chacun d'une année et d'environ cent leçons. Je dis environ parce que le principe de la méthode étant de ne jamais passer à une leçon avant que celle qui la précède soit parfaitement comprise; il doit arriver qu'on se trouve obligé de répéter une et même deux fois la même leçon.

Le *premier Cours* est divisé en deux parties principales. La première a pour objet l'étude de la géométrie pratique, appliquée à la mesure, à la division et au dessin de toutes les lignes et figures géométriques, et appelée, par cette raison, *Métrographie*. La seconde a rapport au dessin des solides ou *Stéréographie*. Ce dessin est exprimé par le plan, l'élévation; et, lorsque cela est nécessaire, par la coupe de ces solides. Les élèves apprennent, en même temps, à donner au moyen des ombres le relief convenable aux différens solides.

Non-seulement les ombres sont nécessaires et quelquefois indispensables pour cet objet, mais encore la variété de leur exécution est une source de plaisirs pour les élèves qui, peut-être, seraient rebutés de la sécheresse d'une étude qui n'aurait pour résultat que des lignes et figures géométriques. D'un autre côté, il faudrait bien, un peu plus tard, leur enseigner la théorie des ombres; autant vaut donc que, de suite, ils en apprennent ce qui peut leur rendre l'étude d'autant plus profitable qu'elle serait agréable.

On pourrait ajouter qu'à moins d'entendre par dessin linéaire *le dessin linéaire perspectif*, ce qui ne peut se supposer lorsqu'il s'agit des premiers élémens, *le dessin linéaire géométral* produirait des équivoques toutes les fois que le trait géométral de solides différens et de mêmes dimensions se trouverait semblable.

Pour ce cours, comme pour les suivans, l'enseignement est collectif et simultané, de manière qu'un seul professeur puisse suffire à toute une classe, quelque nombreuse qu'elle puisse être.

Il y a en cela, outre l'avantage de l'économie, celui d'exciter l'émulation des élèves et d'encourager le professeur lui-même, parce que plus grand sera le nombre de ces élèves, plus il y aura pour lui et pour eux de chances de succès. Cependant ce nombre ne devrait guère s'élever au-dessus de cinquante à soixante, d'après le plan de la salle d'études, qui sera joint aux dessins-modèles de mon ouvrage.

Le professeur doit, autant que possible, exécuter lui-même devant les élèves ou leur présenter un modèle tout tracé, mais unique, et assez grand pour être bien aperçu de toute la classe. Les élèves, doivent dès-lors, retracer ce modèle dans une plus petite dimension, suivant la description exacte qu'en a faite le professeur relativement aux proportions et aux formes.

Ce n'est qu'après avoir bien compris cette description, et, pour ainsi dire, sans consulter le modèle, que les élèves doivent passer à l'exécution sans le secours d'aucun des instrumens employés pour la géométrie.

On leur enseigne cependant l'emploi de ces derniers, mais seulement pour leur donner le moyen de vérifier eux-mêmes l'exactitude de leurs opérations et les mettre ainsi dans le cas de reconnaître et rectifier eux-mêmes les erreurs qu'ils pourraient avoir commises.

A la fin d'une année d'études, les élèves, habitués à répéter devant leurs camarades les démonstrations faites par le professeur, doivent être capables de répondre à toutes les questions qu'on pourrait leur faire relativement aux différentes parties du cours, de tracer et diviser, à vue, toutes sortes de lignes suivant des proportions et dans des directions demandées; de former, également à vue et sans modèles, toutes les figures géométriques depuis le carré jusqu'à l'ellipse ou la volute, aussi bien que tous les polygones réguliers suivant un diamètre voulu, ou irréguliers d'après la description de leurs angles et de leurs côtés (1). Enfin, ils doivent être en état de dessiner, de la même manière, tous les solides, depuis les plus simples jusqu'aux plus complexes, et de leur donner, par les ombres, et suivant différens procédés, le relief qui leur convient. Exercés dans leurs études externes à reconnaître les proportions et les

(1) J'ai imaginé différens moyens pour aider le coup-d'œil et faciliter l'exécution graphique du dessin des polygones et de figures géométriques complexes. Quelques-uns de ces moyens sont numériques, d'autres sont seulement graphiques.

formes de tous les objets que, chez leurs parens ou ailleurs, il a pu leur faire plaisir d'étudier, et à en faire le plan, l'élévation et la coupe, ces élèves doivent pouvoir représenter également tous les solides dont on leur ferait une exacte description, pourvu qu'ils aient quelques rapports avec ceux qui ont été jusqu'alors l'objet de leurs études, et non avec les notions qu'ils seront dans le cas d'acquérir sur le dessin architectural dans le cours suivant.

Je laisserai à d'autres le soin de comparer ces résultats obtenus, au bout d'une année d'étude, avec ceux qu'on peut obtenir par la méthode généralement adoptée, au bout de plusieurs années.

J'ai dit *obtenus*, parce que ma conviction de la certitude de ces résultats est intime; et, pour la justifier, il me suffira d'extraire du rapport de l'Académie des Beaux-Arts son opinion sur les résultats obtenus par des méthodes qui, sans être les mêmes que la mienne, sont établies, au moins en partie, sur des principes analogues.

Ce rapport, fait à l'Académie, le 4 décembre 1824, d'après la demande qu'en avait faite S. Exc. Mgr le Ministre de l'intérieur, le 23 octobre, même année, dit, en parlant de l'enseignement du dessin linéaire, tel qu'il est pratiqué, *avec succès*, dans l'école de Libourne, et à Paris, dans l'institution de M. Boniface, « les avantages de cet enseignement sont « de donner aux élèves (en leur apprenant à lire et dans la plus tendre « jeunesse) de la justesse dans les yeux, de la souplesse dans la main, la « mémoire des formes et assez de rectitude dans le jugement, pour exécuter, « à la main, des opérations avec une précision presque égale à celle que « l'on obtient avec les instrumens. »

Il ajoute : « Des élèves ainsi formés conservent le résultat de cette « instruction, et en font *par routine* et *par habitude*, un usage très « profitable dans toutes les professions qu'ils sont appelés à exercer. »

Enfin, il dit plus loin : « la méthode de MM. Pestalozzi, Francœur et « Boniface, est appuyée de l'expérience, elle est simple, d'une exécution « facile, et ses résultats répondent au but d'utilité qu'elle se propose. On « peut donc justement espérer que la méthode de M. de Brunel, qui est un

« perfectionnement de la précédente, doit présenter les mêmes avan-
« tages. »

Tout ce que ces trois passages du rapport contient de favorable, relativement aux méthodes précitées, rejaillit naturellement sur celle que je propose, et je ne puis qu'être très reconnaissant de l'honneur qu'ont bien bien voulu me faire MM. les commissaires, en me plaçant en aussi belle compagnie que celle d'hommes si distingués par leur science et leurs talens. Mais, la vérité et la justice exigent que je réclame également contre la prétention d'avoir cherché à perfectionner ces méthodes et contre le plagiat que, d'après l'induction que l'on pourrait tirer de ce rapport (contre l'intention, sans doute, de ses auteurs), je semblerais avoir voulu déguiser sous le titre de perfectionnement.

Quand bien même la franchise et la loyauté de mon caractère seraient moins connus, l'époque à laquelle je conçus le plan de mon ouvrage (époque bien antérieure à 1814) me justifierait assez de l'accusation d'avoir été le copiste de méthodes qui n'ont été connues, publiées et mises à exécution que deux ou trois ans après la publication de l'Art du dessin chez les Grecs, ouvrage dans lequel ce plan était développé. Plusieurs journaux, entr'autres, le journal de Paris du 14 octobre 1816 et le journal Général du 14 novembre, même année, rendirent compte de cet ouvrage. (1)

Si à cette époque, j'eus, par l'ouvrage de M. Jullien et le rapport de M. Amorós, connaissance des principes du vénérable Pesta-

(1) Je ne pus alors présenter qu'une théorie dénuée d'exemples pour la pratique, parce que, par suite des désastres de la guerre et du pillage de mes propriétés, j'avais perdu, avec une partie de ma fortune, et ce que mon cabinet renfermait de plus précieux, tous les matériaux que, depuis long-temps, j'avais amassés pour la confection de mon ouvrage sur le dessin. D'un autre côté, l'état de ma vue, que j'étais menacé de perdre par suite d'un funeste accident, ne me permettait pas de réparer cette perte en confectionnant de nouveaux dessins-modèles. Enfin craignant que tout mon travail sur le dessin ne fût tombé entre les mains de gens capables d'en profiter, je crus devoir me presser de publier l'ensemble de mon plan tel que je l'avais conçu, afin de prendre date pour une priorité qui m'était acquise à tant de titres.

lozzi, ce ne fut, comme je le dis dans une note, page 26 de l'ouvrage précité, qu'au moment même de sa publication. Je me trouvai heureux de m'être rencontré avec cet ami de l'humanité, et de savoir que l'expérience avait confirmé les avantages de l'application à l'enseignement du dessin de principes analogues aux miens. (1)

M. Boniface, que je n'avais pas alors le bonheur de connaître, pourrait, à bon droit, réclamer la priorité de la possession des idées et des principes relatifs à la méthode de dessin la plus convenable pour l'instruction de la jeunesse, puisqu'il les a puisés à l'institut de Pestalozzi dont il est l'un des disciples les plus distingués; mais cet estimable instituteur est trop riche de son propre fonds et de l'étendue de ses connaissances qui embrassent toutes les branches de l'instruction, pour m'envier le faible avantage d'avoir approfondi, autant qu'il était en moi, une matière qui, presque exclusivement, a été l'objet de mes méditations et d'avoir été le premier qui ait développé une méthode fondée sur des principes qui nous sont communs.

J'espère qu'il en sera de même de M. Francœur qui, en composant son ouvrage sur le dessin linéaire, destiné aux écoles primaires, n'a dû considérer ce travail que comme une courte distraction à des études aussi profondes que variées.

Je ne suis donc le copiste de personne : si mes principes se sont rencontrés avec ceux de Pestalozzi, c'est que, comme lui, je les ai puisés dans la nature qui a bien pu inspirer ensuite à d'autres des principes analogues.

Au reste, malgré cette analogie de principes, des méthodes, quoique semblables, sous ce rapport, peuvent être différentes sous celui de la marche de l'enseignement et des moyens employés pour la pratique, et elles doivent l'être si le but est lui-même différent.

Effectivement, suivant le rapport de l'Académie, c'est, *en leur appre-*

(1) L'ouvrage de M. M. A. Jullien, intitulé *Esprit de la méthode d'éducation, pratiquée à Iverdun en Suisse*, n'entrant dans aucuns détails sur la méthode de dessin, suivie par Pestalozzi, et en exposant seulement les principes et les résultats généraux, il m'eût été bien difficile d'y prendre ce qui n'y étai pas.

nant à lire, et dès leur plus tendre jeunesse, que les élèves acquièrent à l'école de Libourne, *de la justesse dans les yeux, de la souplesse dans la main, etc.* Dès-lors, la méthode remplit parfaitement son but, celui d'amener les enfans à faire, *par routine* et *par habitude*, des opérations exactes. Dans un âge aussi tendre, l'étude du dessin ne peut guères consister qu'en exercices, pour ainsi dire, gymnastiques de l'œil et de la main, et ce serait fausser l'esprit et le jugement des enfans que de leur donner, sur cet art, d'autres notions que celles qui sont à la portée de leur intelligence.

Mon but est essentiellement différent puisque ma méthode a pour objet de développer simultanément les facultés intellectuelles et les facultés organiques des élèves.

Ces derniers sont sans doute des enfans, mais des enfans sachant déjà lire et écrire assez facilement pour prendre note des descriptions et des démonstrations faites par le professeur, et qu'ils doivent être dans le cas de bien comprendre. Il n'est pas indispensable qu'ils sachent le calcul, mais il serait utile qu'ils en sussent les premiers élémens. C'est une conséquence naturelle de la définition que j'ai donnée du dessin. Il est effectivement impossible de se rendre un compte exact des proportions des objets, si on ne sait pas faire, sinon des calculs, au moins des combinaisons assez précises pour se former une idée nette des divisions et subdivisions par lesquelles on peut exprimer ces proportions. (1)

Ainsi, par cette raison et celles qui précèdent, ce n'est qu'à l'âge de dix, onze et même douze ans, suivant que les enfans sont plus ou moins précoces, qu'ils doivent commencer l'étude du dessin. On a pu voir, par les résultats du premier cours, qu'on ne perdrait rien à ce retard et qu'alors ce ne serait plus *par routine*, mais *par réflexion*, qu'ils opéreraient juste, *parce qu'une main sûre obéirait facilement à la direction*

(1) Les élèves qui n'auraient aucune idée du calcul, pourraient en acquérir, au moyen de la méthode elle-même, des notions suffisantes pour l'étude du dessin, en s'arrêtant à la division et subdivision des lignes assez de temps pour cela. Mais ce serait une étude externe; il ne faudrait pas, pour quelques élèves, retarder les études du plus grand nombre qui n'aurait pas besoin de cet exercice, au moins aussi prolongé.

d'un œil exercé et à l'impulsion d'un esprit cultivé et orné de connaissances positives.

Le *second cours* du premier degré doit, non-seulement ajouter à ces connaissances, mais fortifier les élèves dans la pratique du dessin, former leur goût et les disposer à faire de cet art une heureuse et utile application.

Ce cours est divisé en trois parties.

Dans la première, les élèves apprennent le *dessin architectural* qui, à l'exception des proportions et des formes plus complexes, n'est autre chose que la continuation ou l'application de la deuxième partie du cours précédent. Comme l'exécution doit être la même, j'ai, pour aider la mémoire des élèves, formé des tableaux synoptiques des proportions, pour l'ensemble et les détails, de tous les ordres, telles qu'elles ont été adoptées par les anciens, et telles qu'elles ont été modifiées par les modernes. Ces tableaux sont à la disposition des élèves qui, comme précédemment, n'ont qu'un seul modèle pour toute la classe. J'ai également indiqué différens moyens pour aider le coup-d'œil et suppléer l'emploi des instrumens.

La seconde partie de ce cours est destinée à l'étude des ornemens. Les élèves, commençant par les plus simples, arrivent graduellement aux plus composés. On leur en démontre l'application aux parties des différens ordres d'architecture, ainsi qu'à différens produits des arts industriels. On a soin de leur faire sentir que la beauté d'un objet consiste moins dans la profusion des ornemens dont on peut le surcharger, que dans leur judicieux emploi; que cette beauté dépend surtout du choix des proportions et des formes les plus convenables à cet objet. (1)

Ce choix semble dépendre du *goût* qui est bien, si l'on veut, une qua-

(1) Dans la première partie de ce Cours, les élèves ont appris par les ordres d'architecture (types immuables que nous a transmis l'antiquité) quelles sont les proportions et les formes qui constituent les différens caractères, de force, de noblesse, de grâce et de légèreté. Ils savent donc que l'idée de beauté ne pourrait s'attacher à un objet qui, par ses proportions et ses formes, présenterait un caractère opposé à sa destination.

lité innée, mais dont celui qui en est pourvu tirerait bien peu d'avantages sans l'instruction qui le forme, le rectifie ou le perfectionne.

Tel est entièrement le but de la troisième partie de ce cours, dans laquelle les élèves font l'application de tout ce qu'ils ont appris à la recherche des belles formes et des belles proportions, d'après ce que les anciens et les modernes ont fait de plus parfait, en vases, candélabres, trépieds et autres objets destinés à l'usage et à l'ornement des temples, des palais et des habitations particulières.

A la fin de ce cours, les élèves doivent s'exercer à la composition d'objets analogues, suivant des proportions et un caractère demandés. L'exécution de ces sujets de leur invention serait la pierre de touche à laquelle on reconnaîtrait leur capacité, la tournure de leur esprit et leurs dispositions réelles pour l'étude spéciale des beaux arts.

Quelles que fussent ces dispositions, habitués à aller au fond des choses, ces élèves sauraient bien que cette épreuve ne suffit pas, qu'ils ont encore beaucoup d'autres connaissances à acquérir avant de se lancer dans une carrière que le génie seul est appelé à parcourir avec gloire.

Dès-lors, la plupart d'entre eux s'arrêteront à ce second cours et, s'ils l'ont suivi avec soin, ainsi que le premier, ils apporteront dans tout ce qu'ils feront, quelle que soit la carrière qu'ils doivent suivre, *un jugement sain et eclairé, un esprit d'observation qui ne leur permettra de rien faire sans savoir pourquoi*, et enfin, *un coup-d'œil sûr et une main exercée*. Ils seront donc en état de faire l'application du dessin à tous les arts industriels et à presque toutes les sciences descriptives qui, en général, n'emploient que le dessin géométral.

Tel serait, pour le plus grand nombre des élèves, le résultat de deux années d'études, et au plus de trois années pour ceux qui, par des circonstances fortuites, n'ayant pu suivre exactement l'un ou l'autre de ces deux cours, seraient forcés de le redoubler.

Il n'est pas d'homme éclairé et de bonne foi qui ne convienne qu'un jeune homme qui saurait dessiner à vue et de mémoire tout ce qui fait l'objet de ces deux cours et qui développerait clairement les motifs de ses opérations, serait pour l'admission à l'Ecole polytechnique, un sujet plus apte à profiter des savantes leçons qu'on donne dans cet établissement, que celui qui ne présente, comme preuve de ses dispositions à l'étude du dessin, qu'une académie *copiée* qui, bien souvent, est le résultat de la patience, bien plus que celui du talent.

Outre les avantages constatés par le rapport de l'Académie, la méthode que je propose aurait donc celui d'être une utile préparation pour disposer les jeunes gens à entrer, soit à l'Ecole polytechnique, soit dans tous les autres établissemens où le dessin est un des élémens spéciaux de l'instruction.

Mais cette dernière serait, sous ce rapport, incomplète sans le *troisième cours*. Nécessaire à tous ceux qui, sans avoir l'intention de devenir artistes, desireraient réunir l'agréable à l'utile dans l'application du dessin, ce cours pourrait, comme on va le voir, présenter à la géodésie de nouveaux moyens pour simplifier et accélérer ses opérations; il est enfin indispensable pour tous ceux qui se destinent à la carrière des beaux-arts.

Quand bien même le savant Léonard de Vincy n'aurait pas dit que l'étude de la perspective est la première chose qu'un peintre doive apprendre : quand même cette opinion ne serait pas appuyée de celle des plus grands maîtres et de l'exemple de notre célèbre Poussin, le simple bon sens indiquerait que, pour dessiner exactement les objets non-seulement tels qu'on les voit, mais encore tels qu'on les verrait dans telle ou telle position voulue; il faut réunir aux connaissances acquises par le premier degré celles du second degré, au moyen duquel on apprend à connaître et à prévoir les changemens qui semblent s'opérer dans la position, les proportions et les formes des objets pour l'effet de la vision ou de la perspective.

Le dessin de la nature vivante, particulièrement celui de l'espèce humaine, n'exige pas, sans doute, la pratique rigoureuse des règles de la perspective. Quelques points placés exactement, suivant ces règles, peuvent suffire pour établir l'ensemble des figures qui doivent entrer dans une composition pittoresque et déterminer la place qu'elles doivent y occuper. Le reste doit être l'affaire du goût et du talent de l'artiste.

Mais, à moins de supposer que ces figures seront toujours placées dans un site rocailleux et rompu, de manière qu'on ne puisse se rendre compte de sa forme et de son étendue; le lieu de la scène et les accessoires que souvent l'artiste doit représenter d'après la description des historiens et des poètes, sont nécessairement assujettis à ces règles. Dans ce dernier cas, il faut bien que la science vienne au secours de l'art et fasse jouir le génie de son plus beau privilège, celui d'inventer, de créer, pour ainsi dire, la nature, en réunissant dans le lieu de la scène tout ce qui peut convenir au sujet qu'il veut représenter.

Je ne chercherai pas à établir de comparaison entre ma méthode de perspective et aucune de celles qui ont paru jusqu'à ce jour; je dirai seulement que, comme les autres parties de ma méthode de dessin, elle a pour objet d'exercer l'imagination et de donner au génie le moyen d'exécuter toutes ses conceptions. Ainsi, dans ce cours, comme dans les précédens, tout doit se faire sur une simple description. La distance, la position et les dimensions des objets sont déterminées d'une manière précise.

Je suis parti d'un principe incontestable, c'est qu'il n'est pas de perspective sans tableau.

Ce tableau, qui n'est autre chose que la glace interposée entre l'œil et les objets qu'il renferme, est d'une forme quelconque; il est à telle ou telle distance de l'œil; ce dernier est à telle ou telle hauteur au-dessus de la base de ce tableau qui est elle-même de telle ou telle étendue.

Tout cela est au choix de l'artiste; mais il faut qu'il fasse ce choix auquel toute la perspective de sa composition est subordonnée. Pour déterminer ce choix, il doit, ce qui est très facile, prévoir l'influence de sa détermination sur l'effet général de cette composition.

Il résulte de ce principe que la perspective, telle que je l'ai traitée est en même temps *positive et relative* et qu'elle a sur celle qui n'est que *relative*, l'avantage de produire une illusion plus complète parce qu'elle exprime d'une manière plus précise la grandeur réelle des objets. (1)

Je me contenterai d'un exemple qui suppléera à tout ce que je pourrais dire à ce sujet.

Supposons qu'il soit question de représenter la plus grande pyramide d'Egypte (celle de Gizeh). Pour donner une idée de sa masse et de son élévation extraordinaires, au moyen de la perspective relative, on la placera dans le tableau, comme on pourra, et de manière à produire, à-peu-près, l'effet que l'on desire; ensuite on mettra, sur le même plan, des figures d'une grandeur proportionnelle à son élévation et qui en seront à-peu-près la soixante dix-huitième partie, en supposant ces figures de cinq pieds et demi. Ou bien, commençant par placer ces dernières, on établirait ensuite l'élévation de la pyramide dans la même proportion. Quoi qu'il en soit, on croira, par ce moyen, avoir donné une idée juste de la masse de ce monument! Eh bien, de deux choses l'une; ou la pyramide sera placée sur un plan trop rapproché et, alors, elle sera et paraîtra plus petite qu'elle ne doit l'être, ce qui fera des pygmées des figures voisines; ou bien, elle sera sur un plan trop éloigné, ce qui lui donnera, ainsi qu'aux figures, des proportions gigantesques.

Dans l'un ou l'autre cas, on n'aurait d'autre moyen de se rendre compte des dimensions de cette pyramide que celui d'établir une échelle, d'après les figures, et encore faudrait-il connaître la hauteur réelle que l'artiste a voulu leur donner. Cela serait donc difficile et, fût-ce facile, le but de l'art ne serait point atteint, puisqu'il doit être de représenter l'image des objets, de manière à produire sur les sens, l'effet que produiraient les objets eux-mêmes.

Suivant mon système, au moyen de la perspective positive, sans placer de figures à côté de la pyramide, son image produira sur l'œil du

(1) Parmi le grand nombre de traités de perspective que j'ai été à même de consulter, le seul qui ait établi des rapports perspectifs avec le tableau est celui de Le Roi, dont la méthode semblerait d'abord avoir quelque analogie avec la mienne; mais, basée sur des calculs trop complexes, et, d'ailleurs, trop peu développée dans son petit traité, elle ne conduit à aucuns résultats utiles pour l'art.

spectateur l'effet qu'elle-même a dû produire sur celui des voyageurs qui l'ont vue pour la première fois, parce que, placée exactement à son plan, et étant en rapport avec le cadre du tableau, elle frapperait l'imagination par l'étendue imposante de sa masse, quand bien même la dimension de ce cadre ne serait que de cinq à six pouces. Dans le système opposé, l'effet contraire pourrait être produit quand même le tableau serait vingt ou trente fois plus grand. Enfin, quelque petite que fût la dimension du mien, il serait extrêmement facile de se rendre un compte exact des dimensions réelles de la pyramide, sans avoir recours à des figures qui, dans tous les cas, ne peuvent donner qu'une mesure fort incertaine des objets qui les avoisinent. (1)

On reconnaîtra dans l'ouvrage l'importance de l'application de ce principe aux différens genres de compositions pittoresques. Je pense que, pour le moment, cette digression a pu suffisamment convaincre mes lecteurs de l'utilité et même de l'indispensable nécessité de l'emploi de la perspective positive. Je vais donc revenir à l'exposé de ma méthode.

J'ai divisé en deux cours particuliers tout ce qui concerne l'étude du second degré ou du dessin perspectif de la seconde série.

Le *premier cours* qui est le troisième de la *Pantographie*, est destiné à l'enseignement de la *perspective linéaire*. Il est composé d'environ cinquante leçons ou de sept chapitres.

Dans le premier et le deuxième, on explique d'une manière nouvelle les effets de la vision. La théorie, réduite à ses élémens les plus simples, est démontrée avec une telle clarté et une telle précision que, par le seul calcul et sans autres opérations graphiques que le tracé des objets eux-mêmes, on pourrait établir facilement la perspective de tout un tableau jusqu'à des distances ou profondeurs infinies.

(1) Le dessin de cet exemple fera partie de ceux qui accompagneront la perspective aérienne enseignée dans le second Cours, et sans laquelle la perspective linéaire ne pourrait jamais produire complètement l'effet dont j'ai parlé. Ces deux perspectives sont dans une dépendance réciproque, tellement absolue, que si l'une est fausse, l'autre doit l'être également.

Ce calcul est tellement facile qu'il serait à la portée d'un enfant qui connaîtrait les premiers élémens de l'arithmétique. Son principal objet n'est, d'ailleurs, que de faciliter l'intelligence des effets perspectifs, au point de les prévoir sans avoir besoin des opérations graphiques. Il sert, en outre, à prouver ou à reconnaître l'exactitude de ces dernières, lorsqu'on veut se procurer cette satisfaction.

Le chapitre troisième est une introduction à la pratique de la perspective. Par la comparaison des procédés employés par les méthodes ordinaires avec ceux de la nouvelle, on démontre les avantages de celle-ci.

Dans le chapitre quatrième, on explique le moyen de déterminer exactement toutes les profondeurs, les largeurs et les élévations dans toute l'étendue du tableau, depuis la base ou ligne de terre jusqu'à l'horizon; sans sortir de ce tableau et par conséquent sans le secours des points de distance ou accidentels hors de ce dernier; enfin sur une simple description, comme d'après un plan donné, ou bien d'après des idées de l'artiste qui, en composant son tableau, peut y établir ainsi tout ce qu'il peut concevoir (1).

Tout ce qui est enseigné dans ce chapitre et dans les suivans est soumis aux mêmes conditions et sert également pour tous les tableaux, quelles que soient leurs formes et leurs dimensions, et quelle que soit la distance ou l'angle visuel que l'artiste veuille adopter, quelle que soit aussi la hauteur de l'horizon fictif, ou, ce qui est la même chose, la hauteur à laquelle il désire que son œil se trouve placé.

Le chapitre cinquième a pour objet le tracé perspectif du cercle dans toutes les positions possibles, des angles, des lignes obliques, de tous les polygones réguliers ou irréguliers et enfin des polyèdres réguliers.

(1) Dès l'époque (il y a vingt-cinq ans) où, en Espagne, je composais des tableaux de marine, j'avais cherché différens moyens de suppléer à l'insuffisance des procédés indiqués par les auteurs pour tracer la perspective dans toute l'étendue du tableau, surtout pour les plans éloignés, et j'en avais trouvé effectivement d'assez justes. Depuis lors, je me suis livré à de nouvelles recherches qui m'ont conduit à des découvertes dont la propriété ne peut pas plus m'être contestée que leur utilité pour cette partie importante de l'art.

Pour ce chapitre, afin de faciliter les calculs pour ceux qui voudraient établir la perspective de ces objets par des combinaisons arithmétiques et géométriques, j'ai composé et établi des tableaux synoptiques des sinus, des carrés et de leurs racines, des angles de tous les polygones réguliers, et enfin de la distance, depuis le point de vue, des points accidentels de tous les angles pour tous les tableaux, quelles que soient leurs dimensions, et l'angle visuel voulu.

J'ai également établi en faveur de ceux qui voudraient s'en tenir aux opérations purement graphiques des échelles de sinus de tous les angles, et des échelles de réduction pour toutes les distances possibles, qui simplifient et facilitent extraordinairement la pratique de la perspective pour les opérations les plus difficiles.

Ces tableaux et ces échelles donnent le moyen de résoudre avec une grande facilité les problèmes perspectifs les plus complexes.

Dans le chapitre sixième, on apprend aussi, par des moyens fort simples, à établir la perspective de tous les objets sur tous les plans d'élévation au-dessus comme au-dessous du niveau de la ligne de terre ou base du tableau, quelle que soit la différence de ce niveau, et cela directement, sans avoir besoin d'employer la double opération du *report*, et sans plus sortir du tableau que pour toutes les autres opérations.

On indique aussi dans ce chapitre le moyen de déterminer, aussi exactement qu'il est possible de le faire, la profondeur de l'horizon réel ou sensible, ou bien, ce qui est la même chose, la distance du point tangent du rayon visuel avec la courbe de la terre, suivant le point d'élévation où l'œil peut se trouver placé, ce qui détermine perspectivement, dans ce cas, la hauteur proportionnelle de l'horizon réel du tableau et sa différence avec l'horizon fictif.

Au moyen de la solution des problèmes qui ont rapport à cette dernière partie, solution devenue facile par la simplicité des formules présentées, on détermine exactement l'étendue réelle de la partie visible des objets placés au-delà de l'horizon réel et de celle qui est invisible parce qu'elle est cachée par la courbe de la terre. On détermine également la grandeur apparente et proportionnelle de cette partie visible, par rapport au cadre du tableau ainsi que sa distance proportionnelle relativement à la verticale de ce dernier, quelle que soit, d'ailleurs, la distance de l'œil à ces objets (1).

Le chapitre septième explique les moyens d'établir perspectivement tous les plans inclinés parallèles ou obliques à la base du tableau, les plans mobiles, et enfin ceux dont la pente ascendante ou descendante commence à partir des pieds du spectateur et appelés, par cette raison, plans inclinés externes. Ces moyens sont aussi simples que pour les chapitres précédens, toujours sur une simple description et sans sortir du tableau. Il en est de même de différentes espèces d'escaliers, compris dans ce chapitre comme plans ascendans et descendans.

On voit que dans ce cours je ne me suis attaché qu'aux moyens généraux d'appliquer les principes perspectifs. Ma méthode différant en cela, comme sous beaucoup d'autres rapports, de la majeure partie de celles qui sont connues, j'ai réservé l'étude des détails pour le cours suivant parce que je l'ai rendue tellement facile qu'elle sera réunie à d'autres parties étudiées d'après nature, comme on va le voir.

Ce cours qui est le second de la perspective et le dernier de la Pantographie pour tous ceux qui ne se destineraient pas à l'étude spéciale des beaux-arts, se divise en quatre parties :

Dans la première partie, les élèves font l'application des principes et

(1) Je n'ai pas ici assez d'espace pour prouver, comme je le fais dans mon ouvrage, toute l'importance de la question traitée dans cette partie. Je dirai seulement que sa solution serait déjà assez importante, ne fût-ce que pour prouver l'erreur de presque tous les perspectivistes qui ont avancé, comme axiome incontestable, que l'horizon s'élève au fur et à mesure que l'œil du spectateur s'élève.

Or ici le contraire est évidemment démontré. Cette question n'est donc pas un simple objet de curiosité. Elle le sera encore moins pour les cas fort rares, il est vrai, où un artiste aura à représenter des objets au-delà de l'horizon réel. L'on se trouvera dans ce cas toutes les fois qu'ayant à représenter la mer, ou un pays plat, l'œil se trouvant à cinq pieds seulement de hauteur, l'horizon réel ne serait qu'à une distance d'environ une lieue, et l'on aurait à représenter des objets que nécessairement on pourrait apercevoir bien au-delà de cet horizon.

des procédés perspectifs qu'ils ont appris à l'étude des effets de la lumière. Cette étude appelée ordinairement théorie des ombres, se fait d'après des solides exposés sous les yeux des élèves qui, ainsi, reconnaissent eux-mêmes l'exactitude des principes qui leur sont démontrés.

La deuxième partie a rapport aux effets généraux du clair-obscur, dont la magie ne peut s'entendre que de l'ensemble d'une composition pittoresque. Cette deuxième partie se trouve ainsi liée à la troisième qui a pour objet la perspective aérienne.

Enfin dans la quatrième partie, on enseigne aux élèves les principaux effets de la réflexion des objets dans l'eau et sur les surfaces polies.

Les études comprises dans ce dernier cours, et particulièrement dans la troisième et la quatrième partie seraient incomplètes si les élèves ne cherchaient pas à observer et à étudier, d'après la nature même, des effets particuliers analogues à ceux qui ne peuvent qu'être indiqués et expliqués en général dans l'intérieur de la classe.

C'est pour les mettre à même d'étudier ainsi, non-seulement ces derniers effets, mais encore tous ceux de la perspective, que j'ai imaginé un instrument auquel j'ai cru devoir donner le nom de *Métroscope*.

Si en cela je n'avais eu en vue que de donner le moyen de représenter les effets perspectifs d'après la nature, j'aurais pris une peine assez inutile, parce qu'il y a plusieurs instrumens connus, et d'autres qui mériteraient de l'être plus qu'ils ne le sont, qui rempliraient aussi bien et peut-être mieux cet objet (1). Mais j'ai cherché à réunir aux avantages de ces derniers celui de pouvoir se rendre un compte exact de ces mêmes effets perspectifs.

J'ai été assez heureux, après beaucoup de peines et de recherches, pour arriver aux résultats que je desirais obtenir.

Quoique cet instrument ait été confectionné en province et qu'il n'ait

(1) Parmi ces derniers, il en est un qui réunit à une grande exactitude dans les résultats, une facilité et une célérité d'exécution particulières. Cet instrument est de l'invention de M. Boucher, capitaine au corps des ingénieurs-géographes, attaché au dépôt de la guerre, qui a fait sur la pratique du dessin des recherches très curieuses et fort utiles.

pas toute la perfection dont il serait susceptible, l'expérience m'a démontré qu'on pouvait obtenir *simultanément*, par son moyen, 1° l'image perspective exacte de tous les objets que l'œil peut apercevoir sous un angle visuel voulu; 2° la distance réelle de l'œil à ces objets; 3° leurs dimensions totales et partielles dans le sens horizontal, perpendiculaire et vertical; 4° l'angle que les lignes forment entre elles et avec la base du tableau, ainsi que l'étendue réelle des lignes obliques; 5° le niveau du plan de ces objets relativement à celui de la base, ou bien par rapport à tout autre point du tableau ou de l'espace; 6° le niveau de pente des plans ascendans ou descendans, ainsi que l'étendue de ces plans. Enfin on peut établir avec cet instrument, toujours d'une seule station, des lignes parallèles à toutes autres voulues et inaccessibles.

On voit que, par une seule opération et d'une seule station, on peut obtenir, avec le Métroscope, des résultats qui exigent ordinairement l'emploi alternatif de plusieurs instrumens et obligent non-seulement à changer de plan, mais encore à parcourir souvent une grande partie de l'espace dont on desire mesurer l'étendue, le niveau ou la pente.

Utile aux arts pour lesquels il a été construit, cet instrument pourrait donc être d'un avantageux emploi pour les opérations de géodésie, dans les cas où, ayant à mesurer des distances inaccessibles, on n'aurait pas à sa disposition le terrein nécessaire pour faire ces opérations avec les divers instrumens en usage pour cela; ce qui arrive assez souvent, particulièrement dans l'art militaire (1).

A la suite du cours de perspective linéaire je donnerai une notice pour la description et l'emploi de cet instrument, relativement aux compositions pittoresques, ainsi qu'à la recherche des effets perspectifs d'après nature.

Dans cette notice, comme dans tout le reste de l'ouvrage, j'ai présenté,

(1) On pense bien que je n'ai pas la prétention de croire qu'une seule opération fût plus, ou même aussi exacte, que plusieurs opérations faites avec plusieurs instrumens. Nul doute que chacune de ces dernières ne fût en son particulier plus précise. L'emploi du métroscope ne serait donc préférable que pour des cas semblables à celui ci-dessus.

pour les combinaisons de perspective, les formules les plus simples. Cependant, il doit arriver qu'à la première vue de cet ouvrage ceux qui ne sont pas familiarisés avec les calculs supposent ma méthode de perspective plus difficile qu'elle ne l'est réellement si, d'après son ensemble et sans se donner la peine ni le temps d'en examiner les détails, ils veulent s'en former une idée.

En prenant, dans mon prospectus l'engagement d'expliquer, à des artistes, ma méthode, en huit ou dix conférences seulement, de manière à ce que, par la suite, ils puissent en appliquer les procédés à l'exécution de tout ce qu'ils pourront concevoir pour leurs compositions, sans avoir à sortir jamais du cadre de leurs tableaux, je n'ai rien promis que je ne puisse tenir.

Mais si, dans une et même deux conférences, il me fallait improviser l'explication de tout un ouvrage qui, pour moi, est le résultat d'un travail de plusieurs années et qui, pour les élèves, doit être l'objet de trois cours particuliers, ou de trois années d'études; si, dans ce même temps, il me fallait expliquer l'emploi du Métroscope et, enfin, répondre à toutes les questions auxquelles pourraient donner lieu des discussions sur ces différens objets, j'avoue qu'il me serait impossible de le faire d'une manière assez claire et assez précise pour donner une juste idée de cet ouvrage.

Si c'est à des artistes que j'ai affaire, ils induiront naturellement de toutes les peines que je me donne pour cette explication et de la difficulté qu'ils ont eux-mêmes à la comprendre, que *ma méthode quoique précise est trop laborieuse pour être applicable aux beaux-arts.* Si je leur présente quelque proposition nouvelle, sans avoir le temps d'en démontrer l'importance et l'utilité, il la regarderont comme un simple objet de curiosité; peut-être même seront-ils conduits par là à donner l'épithète de *curieuse* à toute ma perspective.

Avec des savans, le contraire devra nécessairement arriver; habitués à voir des ouvrages de ce genre écrits dans le langage de la haute science, remplis de formules exprimées en caractères algébriques et accompagnés de figures très complexes, ils regarderont d'abord comme peu digne de leur attention, un ouvrage écrit dans la langue vulgaire, dont les formules sont établies sur les seules combinaisons arithmétiques et accompagnées de figures extrêmement simples. Frappés, d'ailleurs, de l'embarras dans lequel je me trouverai pour expliquer, en aussi peu de temps, les principes généraux et pour démontrer les résultats d'une grande quantité de problêmes, ils seront naturellement portés à douter de l'exactitude de ces résultats. Prévenus ainsi et contre la méthode et contre son auteur, s'ils daignent lui accorder encore quelques instans pour s'occuper de l'emploi de l'instrument, leurs doutes s'augmenteront encore par la difficulté qu'il éprouvera d'expliquer convenablement cet emploi, puisqu'il n'est que l'application de ces mêmes principes et problêmes perspectifs qui n'ont pu être bien compris parce qu'ils n'ont pu être bien démontrés.

Dans ce dernier cas, je devrais dire aux savans : ou bien, daignez accorder plus de temps et d'attention à l'examen de l'ouvrage; ou bien, allons sur le terrein et si, comme j'en ai l'intime conviction, des expériences vous démontrent l'exactitude des résultats que j'ai annoncés, qu'importent le style et les formules si ces résultats présentent un haut degré d'intérêt pour les sciences aussi bien que pour les arts.

Quant aux artistes, je leur dirais : mon ouvrage est, sans doute, volumineux, mais il devait l'être pour remplir sa destination. Il devait former avec les autres parties du dessin un tout homogène et être établi d'après le même principe de tout laisser faire à l'imagination, en ne faisant l'application des règles que sur une simple description. J'ai cru qu'on ne pouvait acquérir ce sentiment intime qui supplée aux règles et aux procédés perspectifs que, par la connaissance profonde de ces règles et de ces procédés. J'ai donc dû leur donner tous les développemens nécessaires pour atteindre à ce but. Ceux qui, desirant éclairer la pratique par la théorie, liront avec soin toute la méthode, en retireront, sans doute, de grands avantages; ils trouveront, pour chaque opération perspective, deux procédés, l'un numérique, l'autre graphique; et, pour faciliter le premier, ils auront à leur disposition des tableaux synoptiques qui leur épargneront une grande partie du travail. Ceux qui, soit par goût, soit parce que leurs opérations ne leur permettent pas de se livrer à ce travail, désireront s'en tenir à la pratique, trouveront aisément dans la table analytique des matières le moyen de ne prendre de tout l'ouvrage que les seuls procédés graphiques qui, avec les deux échelles des sinus et de réduction, leur suffiront pour exécuter perspectivement tout ce qu'ils pourront concevoir pour la composition de leurs tableaux et pour résoudre avec autant de promptitude que de facilité les problêmes perspectifs les plus difficiles (1).

J'ose espérer, d'après ce qui précède, que l'on sera convaincu que, dans la confection de ma méthode de perspective, j'ai atteint le but que je me suis proposé, celui de donner à tous ceux qui, dans l'étude du dessin, voudront réunir l'agréable à l'utile, des notions aussi précises que faciles à acquérir et, en même temps, de la rendre non-seulement *applicable* mais *plus applicable* qu'aucune de celles qui ont paru jusqu'à ce jour, *à la pratique des beaux-arts.*

Je n'ai pas, sans doute, tout fait pour la perfection de cette partie de l'art, j'espère y travailler encore; d'autres y travailleront aussi. Dans tous les cas, je serai trop heureux si l'on reconnaît que j'y ai contribué, en indiquant à d'autres plus habiles que moi, une nouvelle voie pour y parvenir, et si, comme l'a bien voulu faire l'Académie royale des Beaux-arts, on daigne encourager mes faibles talens, reconnaître la *justesse* des résultats que j'ai obtenus et rendre justice *aux soins infinis* que je me suis donnés pour être utile aux arts et à mon pays.

Je saisis cette nouvelle occasion pour témoigner à ce corps honorable toute ma reconnaissance pour la bienveillance qu'il m'a bien voulu témoigner.

(1) Si, comme je le pense, on peut qualifier du titre de découverte ou d'invention tout emploi nouveau d'élémens connus, je ne crois pas que l'on puisse contester ce titre à la majeure partie des nouveaux procédés indiqués par ma méthode, particulièrement à l'application du système des sinus à la pratique de la perspective, soit au moyen de la table des sinus, soit au moyen des deux échelles dont il vient d'être parlé, non plus qu'à l'instrument qui est l'application des mêmes principes.

En communiquant tout mon travail aux artistes qui ont paru le désirer, j'ai cru leur

CONCLUSION.

D'après tout ce qui a été dit dans cet Exposé relativement aux avantages que l'on pourrait retirer de la méthode de dessin que j'ai proposée, avantages constatés par l'expérience et reconnus par le rapport de l'Académie, nul doute qu'un gouvernement aussi sage qu'éclairé ne daigne fixer son attention sur un objet qui tient si essentiellement aux intérêts du pays, par l'influence qu'il peut avoir sur l'industrie comme sur les beaux-arts et qui, plus que tout autre, peut contribuer à maintenir la France au rang qu'elle est appelée à occuper parmi les nations civilisées.

Si, secondant les vues bienfaisantes et élevées d'un monarque protecteur des arts, comme de tout ce qui peut contribuer au bonheur de ses sujets, ce gouvernement jugeait convenable de favoriser l'adoption de cette méthode, son application à l'instruction publique serait d'autant plus facile qu'elle est en harmonie avec les autres parties de cette instruction; qu'elle prendrait fort peu de temps sur cette dernière (deux leçons par semaine suffiraient), qu'outre l'économie de temps, on y trouverait l'économie pécuniaire, du côté du matériel et de l'enseignement, puisqu'un seul modèle et un seul maître suffiraient à l'instruction d'un grand nombre d'élèves et qu'enfin cet enseignement se trouve naturellement gradué suivant les besoins de chacune des classes de la société.

Dans tous les pays où la population est peu nombreuse, et où il n'y a que de simples pensionnats, le premier cours pourrait suffire, et, sup-

témoigner par-là toute l'estime que je porte à leur honorable profession, et la conviction dans laquelle je suis qu'aucun d'eux n'est capable d'abuser de ma confiance. J'ai donné une grande preuve de cette confiance et du désir que j'avais de m'éclairer en faisant de semblables communications à ceux-là même qui s'occupent spécialement de cette partie de l'art, entre autres à l'un des honorables membres de la commission, bien avant de savoir qu'il serait appelé à être mon juge. Je m'en suis rapporté et je m'en rapporte encore à son extrême loyauté, et si, dans son cours de perspective, il jugeait convenable d'introduire quelqu'un de mes procédés, je suis convaincu qu'il en nommerait l'auteur.

posé qu'il ne s'y trouvât pas de maître de dessin, l'ouvrage pourrait y suppléer étant composé de manière à pouvoir, pour ce cours surtout, être professé par toute personne qui aurait les plus simples notions de dessin ou de géométrie.

L'étude du *premier degré* ou des deux premiers cours, semble devoir convenir aux établissemens d'instruction publique et aux écoles de dessin des villes du second ordre, parce que, comme on l'a vu dans l'Exposé, cette étude suffirait pour l'application du dessin aux arts industriels, à l'étude spéciale de l'une des parties des beaux-arts (l'architecture), et à la majeure partie des sciences descriptives.

L'étude des deux *degrés* ou des quatre *cours* pourrait également convenir aux *colléges royaux* et aux *écoles de dessin* des villes du premier ordre; dans les premiers, comme une utile préparation pour les sujets qui aspireraient à entrer à l'*Ecole polytechnique*, ainsi que pour tous ceux qui, soit pour l'utilité publique, soit pour leurs jouissances particulières, se trouveraient ensuite dans le cas de faire l'application du dessin à toutes les sciences descriptives et à plusieurs parties des beaux-arts pour l'étude desquelles ces quatre cours pourraient suffire; dans les dernières, comme une utile transition à l'étude spéciale des beaux-arts, pour ceux qui, y étant appelés par des dispositions particulières, y feraient de rapides et brillans progrès s'ils étaient placés sous la direction d'habiles maîtres; et enfin, comme éminemment utile au plus grand nombre des élèves qui, s'en tenant aux arts industriels, apporteraient dans tous leurs ouvrages un tact délicat, un goût épuré et un esprit éclairé qui contribueraient à leur perfection.

Enfin cette même étude conviendrait spécialement aux *écoles militaires*, savoir : le *premier degré* aux *écoles préparatoires*, et le *second degré* aux *écoles spéciales* où le dessin reçoit une application particulière et analogue à cette étude.

Je crois inutile d'insister davantage sur ce point, qu'à moins de s'en tenir au dessin géométral, il ne peut exister de dessin sans perspective, puisque *dessin pittoresque* et *dessin perspectif* sont absolument synonymes.

Outre les avantages que l'on retire de l'étude de cette science pour l'art du dessin, il y aurait pour les écoles militaires celui d'en appliquer les principes aux opérations de géodésie au moyen du Métroscope. Je suis convaincu que, pour ces opérations, cet instrument pourra rendre des services infinis, lorsque son matériel aura reçu les perfectionnemens que j'ai indiqués et ceux que l'expérience pourrait faire reconnaître utiles pour cet objet, lorsqu'enfin, par des expériences faites avec soin, des savans seront mis à même de consigner leurs observations dans un traité spécial de son emploi.

Quant à moi, entraîné plus loin que je n'avais osé l'espérer par les différentes découvertes que j'ai faites dans la première partie de la perspective, je n'ai pu ni ne pourrai m'occuper de cet instrument que relativement à son emploi pour les arts, me contentant, comme je l'ai annoncé, d'indiquer les moyens généraux d'en tirer parti pour les opérations de géodésie, parce qu'il me reste à terminer, suivant le système que j'ai conçu, la seconde partie (le quatrième cours). J'apporterai à cette partie les mêmes soins qu'à la première, si ma vie se prolonge assez et si ma vue et ma santé me le permettent ; j'entreprendrai ensuite le cinquième et peut-être le sixième cours qui, comme je l'ai annoncé dans l'*Art du dessin chez les Grecs*, formeraient le complément des études préparatoires pour le dessin spécial de la figure humaine.

Quoi qu'il en soit, je croirai avoir payé ma dette à mon pays si j'arrive ou, au moins, si j'approche du but que je me suis proposé et s'il reste de moi quelque chose qui soit utile à mes semblables et profitable à ma famille.

FIN.

IMPRIMÉ CHEZ PAUL RENOUARD, RUE DE L'HIRONDELLE, n° 22.

AVIS.

L'Auteur désirant perfectionner la partie du deuxième cours qui regarde les ornemens, vases, etc., et ne pouvant, depuis la perte de son cabinet, trouver qu'à Paris ce qui peut le mettre à même de le faire convenablement, publiera d'abord, suivant le désir qu'en ont manifesté plusieurs artistes, le troisième cours (*la Perspective linéaire.*)

Le quatrième cours n'étant pas terminé, on ne peut en indiquer le prix. Les Souscripteurs en seront avertis lorsque l'auteur sera en mesure de le faire.

La Souscription est ouverte, dans ce moment, pour les premier, deuxième et troisième cours, formant deux parties auxquelles on peut souscrire séparément; savoir :

	PRIX.	
Première partie; premier et deuxième cours — 12 planches in-folio,	25 fr.	On devra joindre à ces prix celui du port.
Deuxième partie; troisième cours. ———————16 *idem*	25	

Le texte de chaque partie formera un volume in-4°, de même caractère et sur le même papier que l'*Exposé*.

Les deux échelles des sinus et de réduction feront partie des planches jointes à la méthode de perspective, ou troisième cours, mais on en tirera des exemplaires sur carton de Bristol, et qui se vendront séparément à ceux qui voudront en faire usage dans la pratique de la perspective.

Passé le 1er janvier 1826, les non-souscripteurs paieront chacune des parties, 30 francs.

Père de famille, l'auteur d'après les pertes qu'il a éprouvées ne peut ni ne veut faire de nouveaux sacrifices pour les frais de gravure et d'impression de son ouvrage. Il ne paraîtra qu'autant que 500 Souscriptions, au moins, lui seront assurées.

Le prix des Souscriptions à l'étranger seront payées d'avance, à moins qu'on ne joigne au nom du Souscripteur celui d'un correspondant de Paris, qui serait chargé de retirer les exemplaires.

Les Souscriptions devront être adressées franc de port et dans la forme suivante, à l'Auteur, rue Neuve-des-Petits-Champs, n° 55, ou chez M. A.-A. Renouard, rue de Tournon, n° 6.

MODÈLE DE SOUSCRIPTION.

Je soussigné m'engage à souscrire pour (indiquer le nombre d'exemplaires et les parties) *de la Pantographie dont le Cte de Brunel est l'auteur, et à le* (ou les) *faire retirer et payer lorsque je recevrai l'avis de la publication.*

IMPRIMÉ CHEZ PAUL RENOUARD, RUE DE L'HIRONDELLE, N° 22.

www.ingramcontent.com/pod-product-compliance
Ingram Content Group UK Ltd.
Pitfield, Milton Keynes, MK11 3LW, UK
UKHW020443220726
13923UKWH00005B/2301

9 782019 686383